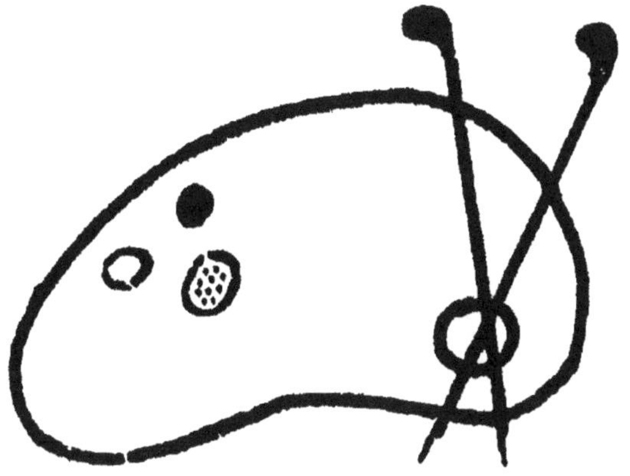

Couvertures supérieure et inférieure
en couleur

COUVERTURES SUPERIEURE ET INFERIEURE D'IMPRIMEUR

LAURETTE

OU

LE CACHET ROUGE

CALMANN LÉVY, ÉDITEUR

ŒUVRES COMPLÈTES

DU COMTE

ALFRED DE VIGNY

Format grand in-18

CINQ-MARS. Avec autographes de Richelieu et de Cinq-Mars	2 vol.
LES DESTINÉES. Poèmes philosophiques	1 —
LAURETTE, OU LE CACHET ROUGE	1 —
POÉSIES COMPLÈTES	1 —
SERVITUDE ET GRANDEUR MILITAIRES	1 —
STELLO	1 —
THÉATRE COMPLET	1 —
LA VEILLÉE DE VINCENNES	1 —
LA VIE ET LA MORT DU CAPITAINE RENAUD	1 —

1821-82 — Imp. D. BARDIN et Cie, à Saint-Germain.

LAURETTE

OU

LE CACHET ROUGE

— SOUVENIRS DE SERVITUDE MILITAIRE —

PAR LE COMTE

ALFRED DE VIGNY

NOUVELLE EDITION

PARIS
CALMANN LÉVY, ÉDITEUR
ANCIENNE MAISON MICHEL LÉVY FRÈRES
3, RUE AUBER, 3

1882

I

POURQUOI J'AI RASSEMBLÉ CES SOUVENIRS

I

POURQUOI J'AI RASSEMBLÉ CES SOUVENIRS

S'il est vrai, selon le poëte catholique, qu'il n'y ait pas de plus grande peine que de se rappeler un temps heureux, dans la misère, il est aussi vrai que l'âme trouve quelque bonheur à se rappeler, dans un moment de calme et de liberté, les temps de peine ou d'esclavage. Cette mélancolique émotion me fait jeter en arrière un triste regard sur quelques années de ma vie, quoique ces années soient bien proches de celle-ci, et que cette vie ne soit pas bien longue encore.

Je ne puis m'empêcher de dire combien j'ai vu de souffrances peu connues et courageusement portées par une race d'hommes toujours dédaignée ou honorée outre mesure, selon que les nations la trouvent utile ou nécessaire.

Cependant ce sentiment ne me porte

pas seul à cet écrit, et j'espère qu'il pourra servir à montrer quelquefois, par des détails de mœurs observés de mes yeux, ce qu'il nous reste encore d'arriéré et de barbare dans l'organisation toute moderne de nos Armées permanentes, où l'homme de guerre est isolé du citoyen, où il est malheureux et féroce, parce qu'il sent sa condition mauvaise et absurde. Il est triste que tout se modifie au milieu de nous, et que la destinée des Armées soit la seule immobile. La loi chrétienne a changé une fois les usages farouches de la guerre ; mais les conséquences des nouvelles mœurs qu'elle introduisit n'ont pas été poussées assez loin sur ce point. Avant elle, le vaincu était massacré ou esclave pour la vie, les villes prises, saccagées, les habitants chassés et dispersés; aussi chaque État épouvanté se tenait-il constamment prêt à des mesures désespérées, et la défense était aussi atroce que l'attaque. A présent, les villes conquises n'ont à craindre que de payer des contributions. Ainsi la guerre s'est civilisée, mais non les Armées; car non-seulement la routine de nos coutumes leur a conservé tout ce qu'il y avait de mauvai.

en elles ; mais l'ambition ou les terreurs des gouvernements ont accru le mal, en les séparant chaque jour du pays et en leur faisant une Servitude plus oisive et plus grossière que jamais. Je crois peu aux bienfaits des subites organisations ; mais je conçois ceux des améliorations successives. Quand l'attention générale est attirée sur une blessure, la guérison tarde peu. Cette guérison, sans doute, est un problème difficile à résoudre pour le législateur, mais il n'en était que plus nécessaire de le poser. Je le fais ici, et si notre époque n'est pas destinée à en avoir la solution, du moins ce vœu aura reçu de moi sa forme et les difficultés en seront peut-être diminuées. On ne peut trop hâter l'époque où les Armées seront identifiées à la Nation, si elle doit acheminer au temps où les Armées et la guerre ne seront plus, et où le globe ne portera plus qu'une nation unanime enfin sur ses formes sociales; événement qui, depuis longtemps, devrait être accompli.

Je n'ai nul dessein d'intéresser à moi-même, et ces souvenirs seront plutôt les Mémoires des autres que les miens; mais j'ai été assez vivement et assez longtemps blessé des étrangetés de la vie des Armées pour en pouvoir parler. Ce n'est que pour constater ce triste droit que je dis quelques mots sur moi.

J'appartiens à cette génération née avec le siècle, qui, nourrie de bulletins par l'Empereur, avait toujours devant les yeux une épée nue, et vint la prendre au moment même où la France la remettait dans le fourreau des Bourbons. Aussi, dans ce modeste tableau d'une partie obscure de ma vie, je ne veux paraître que ce que je fus, spectateur plus qu'acteur, à mon grand regret. Les événements que je cherchais ne vinrent pas aussi grands qu'il me les eût fallu. Qu'y faire? — on n'est pas toujours maître de jouer le rôle qu'on eût aimé, et l'habit ne nous vient pas toujours au temps où nous le porterions le mieux. Au moment où j'écris [1], un homme de vingt ans de service n'a pas vu une bataille rangée. J'ai peu d'aventures à vous raconter, mais j'en ai entendu beaucoup. Je ferai donc parler les autres plus que moi-même, hors quand je serai forcé de m'appeler comme

1. En 1835.

témoin. Je m'y suis toujours senti quelque répugnance, en étant empêché par une certaine pudeur au moment de me mettre en scène. Quand cela m'arrivera, du moins puis-je attester qu'en ces endroits je serai vrai. Quand on parle de soi, la meilleure muse est la Franchise. Je ne saurais me parer de bonne grâce de la plume des paons; toute belle qu'elle est, je crois que chacun doit lui préférer la sienne. Je ne me sens pas assez de modestie, je l'avoue, pour croire gagner beaucoup en prenant quelque chose de l'allure d'un autre, et en posant dans une attitude grandiose, artistement choisie, et péniblement conservée aux dépens des bonnes inclinations naturelles et d'un penchant inné que nous avons tous vers la vérité. Je ne sais si de nos jours il ne s'est pas fait quelque abus de cette littéraire singerie; et il me semble que la moue de Bonaparte et celle de Byron ont fait grimacer bien des figures innocentes.

La vie est trop courte pour que nous en perdions une part précieuse à nous contrefaire. Encore si l'on avait affaire à un peuple grossier et facile à duper! mais le nôtre a l'œil si prompt et si fin, qu'il reconnaît sur-le-champ à quel modèle vous empruntez ce mot ou ce geste, cette parole ou cette démarche favorite, ou seulement telle coiffure ou tel habit. Il souffle tout d'abord sur la barbe de votre masque et prend en mépris votre vrai visage, dont, sans cela, il eût peut-être pris en amitié les traits naturels.

Je ferai donc peu le guerrier, ayant peu vu la guerre; mais j'ai le droit de parler des mâles coutumes de l'Armée, où les fatigues et les ennuis ne me furent point épargnés, et qui trempèrent mon âme dans une patience à toute épreuve, en lui faisant rejeter ses forces dans le recueillement solitaire et l'étude. Je pourra faire voir aussi ce qu'il y a d'attachant dans la vie sauvage des armes, toute pénible qu'elle est, y étant demeuré si longtemps entre l'écho et le rêve des batailles. C'eût été là assurément quatorze ans de perdus, si je n'y eusse exercé une observation attentive et persévérante, qui faisait son profit de tout pour l'avenir. Je dois même à la vie de l'Armée des vues de la nature humaine que jamais je n'eusse pu rechercher autrement que sous l'habit militaire. Il y a des scènes que l'on ne trouve qu'au milieu de dégoûts qui seraient vraiment intolérables, si l'on n'était pas forcé par l'honneur de les tolérer.

J'aimai toujours à écouter, et quand j'étais tout enfant, je pris de bonne heure ce goût sur les genoux blessés de mon vieux père. Il me nourrit d'abord de l'histoire de ses campagnes, et, sur ses genoux, je trouvai la guerre assise à côté de moi; il me montra la guerre dans ses blessures, la guerre dans les parchemins et le blason de ses pères, la guerre dans leurs grands portraits cuirassés, suspendus, en Beauce, dans un vieux château. Je vis dans la Noblesse une grande famille de soldats héréditaires, et je ne pensai plus qu'à m'élever à la taille d'un soldat.

Mon père racontait ses longues guerres avec l'observation profonde d'un philosophe et la grâce d'un homme de cour. Par lui, je connais intimement Louis XV et le grand Frédéric ; je n'affirmerais pas que je n'aie pas vécu de leur temps, familier comme je le fus avec eux par tant de récits de la guerre de Sept ans.

Mon père avait pour Frédéric II cette admiration éclairée qui voit les hautes facultés sans s'en étonner outre mesure. Il me frappa tout d'abord l'esprit de cette vue, me disant aussi comment trop d'enthousiasme pour cet illustre ennemi avait été un tort des officiers de son temps; qu'ils étaient à demi vaincus par là, quand Frédéric s'avançait grandi par l'exaltation française; que les divisions successives des trois puissances entre elles et des généraux français entre eux l'avaient servi dans la fortune éclatante de ses armes; mais que sa grandeur avait été surtout de se connaître parfaitement, d'apprécier à leur juste valeur les éléments de son élévation, et de faire, avec la modestie d'un sage, les honneurs de sa victoire. Il paraissait quelquefois penser que l'Europe l'avait ménagé. Mon père avait vu de près ce roi philosophe, sur le champ de bataille, où son frère, l'aîné de mes sept oncles, avait été emporté d'un boulet de canon ; il avait été reçu souvent par le Roi sous la tente prussienne, avec une grâce et une politesse toutes françaises, et l'avait entendu parler de Voltaire et jouer de la flûte après une bataille gagnée.

Je m'étends ici presque malgré moi, parce que ce fut le premier grand homme dont me fut tracé ainsi, en famille, le portrait d'après nature, et parce que mon admiration pour lui fut le premier symptôme de mon inutile amour des armes, la cause première d'une des plus complètes déceptions de ma vie. Ce portrait est brillant encore, dans ma mémoire, des plus vives couleurs, et le portrait physique autant que l'autre. Son chapeau avancé sur un front poudré, son dos voûté à cheval, ses grands yeux, sa bouche moqueuse et sévère, sa canne d'invalide faite en béquille, rien ne m'était étranger; et, au sortir de ces récits, je ne vis qu'avec humeur Bonaparte prendre chapeau, tabatière et geste pareils; il me parut d'alors plagiaire : et qui sait si, en ce point, ce grand homme ne le fut pas quelque peu? qui saura peser ce qu'il entre du comédien dans tout homme public toujours en vue? Frédéric II n'était-il pas le premier type du grand capitaine tacticien moderne, du roi philosophe et organisateur? C'étaient là les premières idées qui s'agitaient dans mon esprit, et j'assistais à d'autres temps racontés avec une vérité toute remplie de saines leçons. J'entends encore mon père tout irrité des divisions du prince de Soubise et de M. de Clermont ; j'entends encore ses grandes indignations contre les intrigues de l'Œil-de-Bœuf, qui faisaient que les généraux français s'abandonnaient tour à tour sur le champ de bataille, préférant la défaite de l'armée au triomphe d'un rival ; je l'entends tout ému de ses antiques amitiés pour M. de Chevert et pour M. d'Assas, avec qui il était au camp la nuit de sa mort. Les yeux qui les avaient vus mirent leur image dans les miens, et aussi celle de bien de personnages célèbres morts longtemps avant ma naissance. Les récits de famille ont cela de bon, qu'ils se gravent plus fortement dans la mémoire que les narrations écrites; ils sont vivants comme le conteur vénéré, et ils allongent notre vie en arrière, comme l'imagination qui devine peut l'allonger en avant dans l'avenir.

Je ne sais si un jour j'écrirai pour moi-même tous les détails intimes de ma vie; mais je ne veux parler ici que d'une des préoccupations de mon âme. Quelquefois, l'esprit tourmenté du passé et attendant peu de chose de l'avenir, on cède trop aisément à la tentation d'amuser quelques désœuvrés des secrets de sa famille et des mystères de son cœur. Je conçois que quelques écrivains se soient plu à faire pénétrer tous les regards dans l'intérieur de leur vie et même de leur conscience, l'ouvrant et la laissant surprendre par la lumière, tout en désordre et comme encombré de familiers souvenirs et des fautes les plus chéries. Il y a des œuvres telles parmi les plus beaux livres de notre langue, et qui nous resteront comme ces beaux portraits de lui-même que Raphaël ne cessait de faire. Mais ceux qui se sont représentés ainsi, soit avec un voile, soit à visage découvert, en ont eu le droit, et je ne pense pas que l'on puisse faire ses confessions à voix haute, avant d'être assez vieux, assez illustre ou assez repentant pour intéresser toute une nation à ses péchés. Jusque-là on ne peut guère prétendre qu'à lui être utile par ses idées ou par ses actions.

Vers la fin de l'Empire, je fus un lycéen distrait. La guerre était debout dans le lycée, le tambour étouffait à mes oreilles la voix des maîtres, et la voix mystérieuse des livres ne nous parlait qu'un langage froid et pédantesque. Les logarithmes et les tropes n'étaient à nos yeux que les degrés pour monter à l'étoile de la Légion d'honneur, la plus belle étoile des cieux pour des enfants.

Nulle méditation ne pouvait enchaîner longtemps des têtes étourdies sans cesse par les canons et les cloches des *Te Deum!* Lorsqu'un de nos frères, sorti depuis quelques mois du collége, reparaissait en uniforme de housard et le bras en écharpe, nous rougissions de nos livres et nous les jetions à la tête des maîtres. Les maîtres mêmes ne cessaient de nous lire les bulletins de la Grande Armée, et nos cris de Vive l'Empereur! interrompaient Tacite et Platon. Nos précepteurs ressemblaient à des hérauts d'armes, nos salles d'études à des casernes, nos récréations à des manœuvres, et nos examens à des revues.

Il me prit alors plus que jamais un amour vraiment désordonné de la gloire des armes; passion d'autant plus malheureuse que c'était le temps précisément où, comme je l'ai dit, la France commençait à s'en guérir. Mais l'orage grondait encore, et ni mes études sévères, rudes, forcées et trop précoces, ni le bruit du grand monde, où, pour me distraire de ce penchant, on m'avait jeté tout adolescent, ne me purent ôter cette idée fixe.

Bien souvent j'ai souri de pitié sur moi-même en voyant avec quelle force une idée s'empare de nous, comme elle nous fait sa dupe, et combien il faut de temps pour l'user. La satiété même ne parvint qu'à me faire désobéir à celle-ci, non à la détruire en moi, et ce livre aussi me prouve que je prends plaisir encore à la caresser et que je ne serais pas éloigné d'une rechute. Tant les impressions d'enfance sont profondes, et tant s'était bien gravée sur nos cœurs la marque brûlante de l'Aigle Romaine !

Ce ne fut que très-tard que je m'aperçus que mes services n'étaient qu'une longue méprise, et que j'avais porté dans une vie tout active une nature toute contemplative. Mais j'avais suivi la pente de cette génération de l'Empire, née avec le siècle, et de laquelle je suis.

La guerre nous semblait si bien l'état naturel de notre pays, que lorsque, échappés des classes, nous nous jetâmes dans l'Armée, selon le cours accoutumé de notre torrent, nous ne pûmes croire au calme durable de la paix. Il nous parut que nous ne risquions rien en faisant semblant de nous reposer, et que l'immobilité n'était pas un mal sérieux en France. Cette impression nous dura autant qu'a duré la Restauration. Chaque année apportait l'espoir d'une guerre ; et nous n'osions quitter l épée, dans la crainte que le jour de la démission ne devînt la veille d'une campagne. Nous traînâmes et perdîmes ainsi des années précieuses, rêvant le champ de bataille dans le

Champ-de-Mars, et épuisant dans des exercices de parade et dans des querelles particulières une puissante et inutile énergie.

Accablé d'un ennui que je n'attendais pas dans cette vie si vivement désirée, ce fut alors pour moi une nécessité que de me dérober, dans les nuits, au tumulte fatigant et vain des journées militaires : de ces nuits, où j'agrandis en silence ce que j'avais reçu de savoir de nos études tumultueuses et publiques, sortirent mes poëmes et mes livres; de ces journées, il me reste ces souvenirs dont je rassemble ici, autour d'une idée, les traits principaux. Car, ne comptant pour la gloire des armes ni sur le présent ni sur l'avenir, je la cherchais dans les souvenirs de mes compagnons. Le peu qui m'est advenu ne servira que de cadre à ces tableaux de la vie militaire et des mœurs de nos armées, dont tous les traits ne sont pas connus.

II

SUR LE CARACTÈRE GÉNÉRAL DES ARMÉES

II

SUR LE CARACTÈRE GÉNÉRAL DES ARMÉES

L'Armée est une nation dans la Nation; c'est un vice de nos temps. Dans l'antiquité, il en était autrement : tout citoyen était guerrier, et tout guerrier était citoyen ; les hommes de l'Armée ne se faisaient point un autre visage que les hommes de la cité. La crainte des dieux et des lois, la fidélité à la patrie, l'austérité des mœurs, et, chose étrange! l'amour de la paix et de l'ordre, se trouvaient dans les camps plus que dans les villes, parce que c'était l'élite de la Nation qui les habitait. La paix avait des travaux plus rudes que la guerre pour ces armées intelligentes. Par elles la terre de la patrie était couverte de monuments ou sillonnée de larges routes, et le ciment romain des aqueducs était pétri, ainsi que Rome elle-même, des mains qui la défendaient. Le repos des soldats était fécond autant que celui des nôtres est stérile et nuisible. Les citoyens n'avaient ni admiration pour leur valeur, ni mépris pour leur oisiveté, parce que le même sang circulait sans cesse des veines de la Nation dans les veines de l'Armée.

Dans le moyen âge et au delà, jusqu'à la fin du règne de Louis XIV, l'Armée tenait à la Nation, sinon par tous ses soldats, du moins par tous leurs chefs, parce que le soldat était l'homme du Noble, levé par lui sur sa terre, amené à sa suite à l'armée, et ne relevant que de lui; or, son seigneur était propriétaire et vivait dans les entrailles mêmes de la mère-patrie. Soumis à l'influence toute populaire du prêtre, il ne fit autre chose, durant le moyen âge, que de se dévouer corps et biens au pays, souvent en lutte contre la couronne, et sans cesse révolté contre une hiérarchie de pouvoirs qui eût amené trop d'abaissement dans l'obéissance, et, par conséquent, d'humiliation dans la profession des armes. Le régiment appartenait au colonel, la compagnie au capitaine, et l'un et l'autre savaient fort bien emmener leurs hommes quand leur conscience comme citoyens n'était pas d'accord avec les ordres qu'ils recevaient comme hommes de guerre. Cette indépendance de l'Armée dura en France jusqu'à M. de Louvois, qui, le premier, la soumit aux bureaux et la remit, pieds et poings liés, dans la main du Pouvoir souverain. Il n'y éprouva pas peu de résistance, et les derniers défenseurs de la Liberté généreuse des hommes de guerre furent ces rudes et francs gentilshommes, qui ne voulaient amener leur famille de soldats à l'Armée que pour aller en guerre. Quoiqu'ils n'eussent pas passé l'année à enseigner l'éternel maniement d'armes à des automates, je vois qu'eux et les leurs se tiraient assez bien d'affaire sur les champs de bataille de Turenne. Ils haïssaient particulièrement l'uniforme, qui donne à tous le même aspect, et soumet les esprits à l'habit et non à l'homme. Ils se plaisaient à se vêtir de rouge les jours de combat, pour être mieux vus des leurs et mieux visés de l'ennemi; et j'aime à rappeler, sur la foi de Mirabeau, ce vieux marquis de Coëtquen, qui, plutôt que de paraître en uniforme à la revue du Roi, se fit casser par lui à la tête de son régiment : — Heureusement, sire, que les morceaux me restent, dit-il après. C'était quelque chose que de répondre ainsi à Louis XIV. Je n'ignore pas les mille défauts de l'organisation qui expirait alors; mais je dis qu'elle avait cela de meilleur que la nôtre, de laisser plus librement luire et flamber le feu national et guerrier de la France. Cette sorte d'Armée était une armure très-forte et très-complète dont la Patrie couvrait le Pouvoir souverain, mais dont toutes les pièces pouvaient se détacher d'elles-mêmes, l'une après l'autre, si le Pouvoir s'en servait contre elle.

La destinée d'une Armée moderne est

tout autre que celle-là, et la centralisation des Pouvoirs l'a faite ce qu'elle est. C'est un corps séparé du grand corps de la Nation, et qui semble le corps d'un enfant, tant il marche en arrière pour l'intelligence et tant il lui est défendu de grandir. L'Armée moderne, sitôt qu'elle cesse d'être en guerre, devient une sorte de gendarmerie. Elle se sent honteuse d'elle-même, et ne sait ni ce qu'elle fait ni ce qu'elle est; elle se demande sans cesse si elle est esclave ou reine de l'État : ce corps cherche partout son âme et ne la trouve pas.

L'homme soldé, le Soldat, est un pauvre glorieux, victime et bourreau, bouc émissaire journellement sacrifié à son peuple et pour son peuple, qui se joue de lui; c'est un martyr féroce et humble tout ensemble, que se rejettent le Pouvoir et la Nation toujours en désaccord.

Que de fois, lorsqu'il m'a fallu prendre une part obscure, mais active, dans nos troubles civils, j'ai senti ma conscience s'indigner de cette condition inférieure et cruelle! Que de fois j'ai comparé cette existence à celle du Gladiateur! Le peuple est le César indifférent, le Claude ricaneur auquel les soldats disent sans cesse en défilant : *Ceux qui vont mourir te saluent.*

Que quelques ouvriers, devenus plus misérables à mesure que s'accroissent leur travail et leur industrie, viennent à s'ameuter contre leur chef d'atelier ; ou qu'un fabricant ait la fantaisie d'ajouter cette année quelques cent mille francs à son revenu ; ou seulement qu'une *bonne ville*, jalouse de Paris, veuille avoir aussi ses trois journées de fusillade, on crie au secours de part et d'autre. Le gouvernement, quel qu'il soit, répond avec assez de sens :

La loi ne me permet pas de juger entre vous; tout le monde a raison; moi, je n'ai à vous envoyer que mes gladiateurs, qui vous tueront et que vous tuerez. En effet, ils vont, ils tuent, et sont tués. La paix revient; on s'embrasse, on se complimente, et les chasseurs de lièvres se félicitent de leur adresse dans le tir à l'officier et au soldat. Tout calcul fait, reste une simple soustraction de quelques morts; mais les soldats n'y sont pas portés en nombre, ils ne comptent pas. On s'en inquiète peu. Il est convenu que ceux qui meurent sous l'uniforme n'ont ni père, ni mère, ni femme, ni amie à faire mourir dans les larmes. C'est un sang anonyme.

Quelquefois (chose fréquente aujourd'hui) les deux partis séparés s'unissent pour accabler de haine et de malédiction les malheureux condamnés à les vaincre.

Aussi le sentiment qui dominera ce livre sera-t-il celui qui me l'a fait commencer, le désir de détourner de la tête du Soldat cette malédiction que le citoyen est souvent prêt à lui donner, et d'appeler sur l'Armée le pardon de la Nation. Ce qu'il y a de plus beau après l'inspiration, c'est le dévouement ; après le Poëte, c'est le Soldat; ce n'est pas sa faute s'il est condamné à un état d'ilote.

L'Armée est aveugle et muette. Elle frappe devant elle du lieu où on la met. Elle ne veut rien et agit par ressort. C'est une grande chose que l'on meut et qui tue; mais aussi c'est une chose qui souffre.

C'est pour cela que j'ai toujours parlé d'elle avec un attendrissement involontaire. Nous voici jetés dans ces temps sévères où les villes de France deviennent tour à tour des champs de bataille, et, depuis peu, nous avons beaucoup à pardonner aux hommes qui tuent.

En regardant de près la vie de ces troupes armées que, chaque jour, pousseront sur nous tous les Pouvoirs qui se succéderont, nous trouverons bien, il est vrai, que, comme je l'ai dit, l'existence du Soldat est (après la peine de mort) la trace la plus douloureuse de barbarie qui subsiste parmi les hommes, mais aussi que rien n'est plus digne de l'intérêt et de l'amour de la Nation que cette famille sacrifiée qui lui donne quelquefois tant de gloire

III

DE LA SERVITUDE DU SOLDAT ET DE SON CARACTÈRE INDIVIDUEL.

III

DE LA SERVITUDE DU SOLDAT ET DE SON CARACTÈRE INDIVIDUEL

Les mots de notre langage familier ont quelquefois une parfaite justesse de sens. C'est bien *servir*, en effet, qu'obéir et commander dans une Armée. Il faut gémir de cette Servitude, mais il est juste d'admirer ces esclaves. Tous acceptent leur destinée avec toutes ses conséquences, et, en France surtout, on prend avec une extrême promptitude les qualités exigées par l'état militaire. Toute cette activité que nous avons se fond tout à coup pour faire place à je ne sais quoi de morne et de consterné.

La vie est triste, monotone, régulière. Les heures sonnées par le tambour sont aussi sourdes et aussi sombres que lui. La démarche et l'aspect sont uniformes comme l'habit. La vivacité de la jeunesse et la lenteur de l'âge mûr finissent par prendre la même allure, et c'est celle de l'*arme*. L'*arme* où l'on *sert* est le moule où l'on jette son caractère, où il se change et se refond pour prendre une forme générale imprimée pour toujours. L'Homme s'efface sous le Soldat.

La Servitude militaire est lourde et inflexible comme le masque de fer du prisonnier sans nom, et donne à tout homme de guerre une figure uniforme et froide.

Aussi, au seul aspect d'un corps d'armée, on s'aperçoit que l'ennui et le mécontentement sont les traits généraux du visage militaire. La fatigue y ajoute ses rides, le soleil ses teintes jaunes, et une vieillesse anticipée sillonne des figures de trente ans. Cependant une idée commune à tous a souvent donné à cette réunion d'hommes sérieux un grand caractère de majesté, et cette idée est l'*Abnégation*.

L'Abnégation du Guerrier est une croix plus lourde que celle du Martyr. Il faut l'avoir portée longtemps pour en savoir la grandeur et le poids.

Il faut bien que le Sacrifice soit la plus belle chose de la terre, puisqu'il a tant de beauté dans des hommes simples qui, souvent, n'ont pas la pensée de leur mérite et le secret de leur vie. C'est lui qui fait que de cette vie de gêne et d'ennuis il sort, comme par miracle, un caractère factice mais généreux, dont les traits sont grands et bons comme ceux des médailles antiques.

L'Abnégation complète de soi-même, dont je viens de parler, l'attente continuelle et indifférente de la mort, la renonciation entière à la liberté de penser et d'agir, les lenteurs imposées à une ambition bornée, et l'impossibilité d'accumuler des richesses, produisent des vertus qui sont plus rares dans les classes libres et actives.

En général, le caractère militaire est simple, bon, patient ; et l'on y trouve quelque chose d'enfantin, parce que la vie des régiments tient un peu de la vie des colléges. Les traits de rudesse et de tristesse qui l'obscurcissent lui sont imprimés par l'ennui, mais surtout par une position toujours fausse vis-à-vis de la Nation, et par la comédie nécessaire de l'autorité.

L'autorité absolue qu'exerce un homme le contraint à une perpétuelle réserve. Il ne peut dérider son front devant ses inférieurs, sans leur laisser prendre une familiarité qui porte atteinte à son pouvoir. Il se retranche l'abandon et la causerie amicale, de peur qu'on ne prenne acte contre lui de quelque aveu de la vie ou dé quelque faiblesse qui serait de mauvais exemple. J'ai connu des officiers qui s'enfermaient dans un silence de trappiste, et dont la bouche sérieuse ne soulevait la moustache que pour laisser passage à un commandement. Sous l'Empire, cette contenance était presque toujours celle des officiers supérieurs et des généraux. L'exemple en avait été donné par le maître, la coutume sévèrement conservée, et à propos; car à la considération nécessaire d'éloigner la familiarité, se joignait encore le besoin qu'avait leur vieille expérience de conserver sa dignité aux yeux d'une jeunesse plus instruite qu'elle, envoyée sans cesse par les écoles militaires, et arrivant toute bardée de chiffres, avec une assurance de lauréat que le silence seul pouvait tenir en bride.

Je n'ai jamais aimé l'espèce des jeunes officiers, même lorsque j'en faisais partie. Un secret instinct de la vérité m'avertissait qu'en toute chose la théorie n'est rien auprès de la pratique, et le grave et silencieux sourire des vieux capitaines me tenait en garde contre toute cette pauvre science qui s'apprend en quelques jours de lecture. Dans les régiments où j'ai servi, j'aimais à écouter ces vieux officiers dont le dos voûté avait encore l'attitude d'un dos de soldat, chargé d'un sac plein d'habits et d'une giberne pleine de cartouches. Ils me faisaient de vieilles histoires d'Égypte, d'Italie et de Russie, qui m'en apprenaient plus sur la guerre que l'ordonnance de 1789, les règlements de service et les interminables instructions, à commencer par celle du grand Frédéric à ses généraux. Je trouvais, au contraire, quelque chose de fastidieux dans la fatuité confiante, désœuvrée et ignorante des jeunes officiers de cette époque, fumeurs et joueurs éternels, attentifs seulement à la rigueur de leur tenue, savants sur la coupe de leur habit, orateurs de café et de billard. Leur conversation n'avait rien de plus caractérisé que celle de tous les jeunes gens ordinaires du grand monde ; seulement les banalités y étaient un peu plus grossières. Pour tirer quelque parti de ce qui m'entourait, je ne perdais nulle occasion d'écouter; et le plus habituellement j'attendais les heures de promenades régulières, où les anciens officiers aiment à se communiquer leurs souvenirs. Ils n'étaient pas fâchés, de leur côté, d'écrire dans ma mémoire les histoires particulières de leur vie, et, trouvant en moi une patience égale à la leur et un silence aussi sérieux, ils se montrèrent toujours prêts à s'ouvrir à moi. Nous marchions souvent le soir dans les champs, ou dans les bois qui environnaient les garnisons, ou sur le bord de la mer, et la vue générale de la nature ou le moindre accident de terrain, leur donnait des souvenirs inépuisables : c'était une bataille navale, une retraite célèbre, une embuscade fatale, un combat d'infanterie, un siége, et partout des regrets d'un temps de dangers, du respect pour la mémoire de tel grand général, une reconnaissance naïve pour tel nom obscur qu'ils croyaient illustre; et, au milieu de tout cela, une touchante simplicité de cœur qui remplissait le mien d'une sorte de vénération pour ce mâle caractère, forgé dans de continuelles adversités et dans les doutes d'une position fausse et mauvaise.

J'ai le don, souvent douloureux, d'une mémoire que le temps n'altère jamais; ma vie entière, avec toutes ses journées, m'est présente comme un tableau ineffaçable. Les traits ne se confondent jamais; les couleurs ne pâlissent point. Quelques unes sont noires et ne perdent rien de leur énergie qui m'afflige. Quelques fleurs s'y trouvent aussi, dont les corolles sont aussi fraîches qu'au jour qui les fit épanouir, surtout lorsqu'une larme involontaire tombe sur elles de mes yeux et leur donne un plus vif éclat.

La conversation la plus inutile de ma

vie m'est toujours présente à l'instant où je l'évoque, et j'aurais trop à dire, si je voulais faire des récits qui n'ont pour eux que le mérite d'une vérité naïve; mais, rempli d'une amicale pitié pour la misère des Armées, je choisirai dans mes souvenirs ceux qui se présentent à moi comme un vêtement assez décent et d'une forme digne d'envelopper une pensée choisie, et de montrer combien de situations contraires aux développements du caractère et de l'intelligence dérivent de la Servitude grossière et des mœurs arriérées des Armées permanentes.

Leur couronne est une couronne d'épines, et parmi ses pointes je ne pense pas qu'il en soit de plus douloureuse que celle de l'obéissance passive. Ce sera la première aussi dont je ferai sentir l'aiguillon. J'en parlerai d'abord, parce qu'elle me fournit le premier exemple des nécessités cruelles de l'Armée, en suivant l'ordre de mes années. Quand je remonte à mes plus lointains souvenirs, je trouve dans mon enfance militaire une anecdote qui m'est présente à la mémoire, et, telle qu'elle me fut racontée, je la redirai, sans chercher, mais sans éviter, dans aucun de mes récits, les traits minutieux de la vie ou du caractère militaire, qui, l'un et l'autre, je ne saurais trop le redire, sont en retard sur l'esprit général et la marche de la Nation, et sont, par conséquent, toujours empreints d'une certaine puérilité.

LAURETTE

OU

LE CACHET ROUGE

I

DE LA RENCONTRE QUE JE FIS UN JOUR SUR LA GRANDE ROUTE

I

DE LA RENCONTRE QUE JE FIS UN JOUR SUR LA GRANDE ROUTE

La grande route d'Artois et de Flandre est longue et triste. Elle s'étend en ligne droite, sans arbres, sans fossés, dans des campagnes unies et pleines d'une boue jaune en tout temps. Au mois de mars

1815, je passai sur cette route, et je fis une rencontre que je n'ai point oubliée depuis.

J'étais seul, j'étais à cheval, j'avais un bon manteau blanc, un habit rouge, un casque noir, des pistolets et un grand sabre ; il pleuvait à verse depuis quatre jours et quatre nuits de marche, et je me souviens que je chantais *Joconde* à pleine voix. J'étais si jeune ! — La maison du Roi, en 1814, avait été remplie d'enfants et de vieillards ; l'Empire semblait avoir pris et tué les hommes.

Mes camarades étaient en avant, sur la

route, à la suite du roi Louis XVIII; je voyais leurs manteaux blancs et leurs habits rouges, tout à l'horizon au nord; les lanciers de Bonaparte, qui surveillaient et suivaient notre retraite pas à pas, montraient de temps en temps la flamme tricolore de leurs lances à l'autre horizon. Un fer perdu avait retardé mon cheval : il était jeune et fort, je le pressai pour rejoindre mon escadron; il partit au grand trot. Je mis la main à ma ceinture, elle était garnie d'or; j'entendis résonner le fourreau de mon sabre sur l'étrier, et je me sentis très-fier et parfaitement heureux.

Il pleuvait toujours, et je chantais toujours. Cependant je me tus bientôt, ennuyé de n'entendre que moi, et je n'entendis plus que la pluie et les pieds de mon cheval, qui pataugeaient dans les ornières. Le pavé de la route manqua; j'enfonçais, il fallut prendre le pas. Mes grandes bottes étaient enduites, en dehors, d'une croûte épaisse de boue jaune comme de l'ocre; en dedans elles s'emplissaient de pluie. Je regardai mes épaulettes d'or toutes neuves, ma félicité et ma consolation; elles étaient hérissées par l'eau, cela m'affligea.

Mon cheval baissait la tête; je fis comme

lui : je me mis à penser, et je me demandai, pour la première fois, où j'allais. Je n'en savais absolument rien ; mais cela ne m'occupa pas longtemps : j'étais certain que, mon escadron étant là, là aussi était mon devoir. Comme je sentais en mon cœur un calme profond et inaltérable, j'en rendis grâce à ce sentiment ineffable du Devoir, et je cherchai à me l'expliquer. Voyant de près comment des fatigues inaccoutumées étaient gaiement portées par des têtes si blondes ou si blanches, comment un avenir assuré était si cavalièrement risqué par tant d'hommes de vie heureuse et mondaine, et prenant ma part de cette satisfaction miraculeuse que donne à tout homme la conviction qu'il ne se peut soustraire à nulle des dettes de l'Honneur, je compris que c'était une chose plus facile et plus commune qu'on ne pense, que l'*Abnégation*.

Je me demandais si l'Abnégation de soi-même n'était pas un sentiment né avec nous ; ce que c'était que ce besoin d'obéir et de remettre sa volonté en d'autres mains, comme une chose lourde et importune ; d'où venait le bonheur secret d'être débarrassé de ce fardeau, et comment l'orgueil humain n'en était jamais révolté. Je voyais bien ce mystérieux instinct lier, de toutes parts, les peuples en de puissants faisceaux, mais je ne voyais nulle part aussi complète et aussi redoutable que dans les Armées la renonciation à ses actions, à ses paroles, à ses désirs et presque à ses pensées. Je voyais partout la résistance possible et usitée, le citoyen ayant, en tous lieux, une obéissance clairvoyante et intelligente qui examine et peut s'arrêter. Je voyais même la tendre soumission de la femme finir où le mal commence à lui être ordonné, et la loi prendre sa défense ; mais l'obéissance militaire, passive et active en même temps, recevant l'ordre et l'exécutant, frappant, les yeux fermés, comme le Destin antique ! Je suivais dans ses conséquences possibles cette Abnégation du soldat, sans retour, sans conditions et conduisant quelquefois à des fonctions sinistres.

Je pensais ainsi en marchant au gré de mon cheval, regardant l'heure à ma montre, et voyant le chemin s'allonger toujours en ligne droite, sans un arbre et sans une maison, et couper la plaine jusqu'à l'horizon, comme une grande raie jaune sur une toile grise. Quelquefois la raie liquide se délayait dans la terre liquide qui l'entourait, et quand un jour un peu moins pâle faisait briller cette triste étendue de pays, je me voyais au milieu d'une mer bourbeuse, suivant un courant de vase et de plâtre.

En examinant avec attention cette raie jaune de la route, j'y remarquai, à un quart de lieue environ, un petit point noir qui marchait. Cela me fit plaisir, c'était quelqu'un. Je n'en détournai plus les yeux. Je vis que ce point noir allait comme moi dans la direction de Lille, et qu'il allait en zigzag, ce qui annonçait une marche pénible. Je hâtai le pas et je gagnai du terrain sur cet objet, qui s'allongea un peu et grossit à ma vue. Je repris le trot sur un sol plus ferme et je crus reconnaître une sorte de petite voiture noire. J'avais faim, j'espérais que c'était la voiture d'une cantinière, et, considérant mon pauvre cheval comme une chaloupe, je lui fis faire force de rames pour arriver à cette île fortunée, dans cette mer où il s'enfonçait jusqu'au ventre quelquefois.

A une centaine de pas, je vins à distinguer clairement une petite charrette de bois blanc, couverte de trois cercles et d'une toile cirée noire. Cela ressemblait à un petit berceau posé sur deux roues. Les roues s'embourbaient jusqu'à l'essieu ; un petit mulet qui les tirait était péniblement conduit par un homme à pied qui tenait la bride. Je m'approchai de lui et le considérai attentivement.

C'était un homme d'environ cinquante ans, à moustaches blanches, fort et grand, le dos voûté à la manière des vieux officiers d'infanterie qui ont porté le sac. Il en avait l'uniforme, et l'on entrevoyait une épaulette de chef de bataillon sous un petit manteau bleu et usé. Il avait un visage endurci, mais bon, comme à l'armée il y en a tant. Il me regarda de côté sous ses gros sourcils noirs, et tira lestement de sa charrette un fusil qu'il arma, en passant de l'autre côté de son mulet, dont il se faisait un rempart. Ayant vu sa cocarde blanche, je me contentai de montrer la manche de mon habit rouge, et il remit son fusil dans la charrette, en disant :

— Ah ! c'est différent, je vous prenais pour un de ces lapins qui courent après nous. Voulez-vous boire la goutte ?

— Volontiers, dis-je en m'approchant,

il y a vingt-quatre heures que je n'ai bu.

Il avait à son cou une noix de coco, très-bien sculptée, arrangée en flacon, avec un goulot d'argent, et dont il semblait tirer assez de vanité. Il me la passa, et j'y bus un peu de mauvais vin blanc avec beaucoup de plaisir; je lui rendis le coco.

— A la santé du roi! dit-il en buvant; il m'a fait officier de la Légion d'honneur, il est juste que je le suive jusqu'à la frontière. Par exemple, comme je n'ai que mon épaulette pour vivre, je reprendrai mon bataillon après, c'est mon devoir.

En parlant ainsi comme à lui-même, il remit en marche son petit mulet, en disant que nous n'avions pas de temps à perdre ; et comme j'étais de son avis, je me remis en chemin à deux pas de lui. Je le regardais toujours sans questionner, n'ayant jamais aimé la bavarde indiscrétion assez fréquente parmi nous.

Nous allâmes sans rien dire durant un quart de lieue environ. Comme il s'arrêtait alors pour faire reposer son pauvre petit mulet, qui me faisait peine à voir, je m'arrêtai aussi et je tâchai d'exprimer l'eau qui remplissait mes bottes à l'écuyère, comme deux réservoirs où j'aurais eu les jambes trempées.

— Vos bottes commencent à vous tenir aux pieds, dit-il.

— Il y a quatre nuits que je ne les ai quittées, lui dis-je.

— Bah! dans huit jours vous n'y penserez plus, reprit-il avec sa voix enrouée; c'est quelque chose que d'être seul, allez, dans des temps comme ceux où nous vivons. Savez-vous ce que j'ai là dedans?

— Non, lui dis-je.

— C'est une femme.

Je dis : — Ah ! — sans trop d'étonnement, et je me remis en marche tranquillement, au pas. Il me suivit.

— Cette mauvaise brouette-là ne m'a pas coûté bien cher, reprit-il, ni le mulet non plus ; mais c'est tout ce qu'il me faut, quoique ce chemin-là soit un *ruban de queue* un peu long.

Je lui offris de monter mon cheval quand il serait fatigué ; et comme je ne lui parlais que gravement et avec simplicité de son équipage, dont il craignait le ridicule, il se mit à son aise tout à coup, et, s'approchant de mon étrier, me frappa sur le genou en me disant : — Eh bien, vous êtes un bon enfant, quoique dans les Rouges.

Je sentis dans son accent amer, en désignant ainsi les quatre Compagnies Rouges, combien de préventions haineuses avaient données à l'armée le luxe et les grades de ces corps d'officiers.

— Cependant, ajouta-t-il, je n'accepterai pas votre offre, vu que je ne sais pas monter à cheval et que ce n'est pas mon affaire, à moi.

— Mais, Commandant, les officiers supérieurs comme vous y sont obligés.

— Bah ! une fois par an, à l'inspection, et encore sur un cheval de louage. Moi j'ai toujours été marin, et depuis fantassin ; je ne connais pas l'équitation.

Il fit vingt pas en me regardant de côté de temps à autre, comme s'attendant à une question, et comme il ne venait pas un mot, il poursuivit :

— Vous n'êtes pas curieux, par exemple ! cela devrait vous étonner, ce que je dis là.

— Je m'étonne bien peu, dis-je.

— Oh ! cependant si je vous contais

comment j'ai quitté la mer, nous verrions.

— Eh bien, repris-je, pourquoi n'essayez-vous pas ? cela vous réchauffera, et cela me fera oublier que la pluie m'entre dans le dos et ne s'arrête qu'à mes talons.

Le bon chef de bataillon s'apprêta solennellement à parler, avec un plaisir d'enfant. Il rajusta sur sa tête le shako couvert de toile cirée, et il donna ce coup d'épaule que personne ne peut se représenter s'il n'a servi dans l'infanterie, ce coup d'épaule que donne le fantassin à son sac pour le hausser et alléger un moment son poids ; c'est une habitude du soldat qui, lorsqu'il devient officier, devient un tic. Après ce geste convulsif, il but encore un peu de vin dans son coco, donna un coup de pied d'encouragement dans le ventre du petit mulet, et commença.

II

HISTOIRE DU CACHET ROUGE

II

HISTOIRE DU CACHET ROUGE

— Vous saurez d'abord, mon enfant, que je suis né à Brest ; j'ai commencé par être enfant de troupe, gagnant ma demi-ration et mon demi-prêt dès l'âge de neuf ans, mon père étant soldat aux gardes.

Mais comme j'aimais la mer, une belle nuit, pendant que j'étais en congé à Brest, je me cachai à fond de cale d'un bâtiment marchand qui partait pour les Indes ; on ne m'aperçut qu'en pleine mer, et le capitaine aima mieux me faire mousse que de me jeter à l'eau. Quand vint la Révolution, j'avais fait du chemin, et j'étais à mon tour devenu capitaine d'un petit bâtiment marchand assez propre, ayant écumé la mer quinze ans. Comme l'ex-marine royale, vieille bonne marine, ma foi ! se trouva tout à coup dépeuplée d'officiers, on prit des capitaines dans la marine marchande. J'avais eu quelques affaires de flibustiers que je pourrai vous dire plus tard : on me donna le commandement d'un brick de guerre nommé *le Marat*.

Le 28 fructidor 1797, je reçus l'ordre d'appareiller pour Cayenne. Je devais y conduire soixante soldats et un *déporté* qui restait des cent quatre-vingt-treize que la frégate *la Décade* avait pris à bord quelques jours auparavant. J'avais ordre de traiter cet individu avec ménagement, et la première lettre du Directoire en renfermait une seconde, scellée de trois cachets rouges, au milieu desquels il y en avait un démesuré. J'avais défense d'ouvrir cette lettre avant le premier degré de latitude nord, du vingt-sept au vingt-huitième de longitude, c'est-à-dire près de passer la ligne.

Cette grande lettre avait une figure toute particulière. Elle était longue, et fermée de si près que je ne pus rien lire entre les angles ni à travers l'enveloppe. Je ne suis pas superstitieux, mais elle me fit peur, cette lettre. Je la mis dans ma chambre, sous le verre d'une mauvaise petite pendule anglaise clouée au-dessus de mon lit. Ce lit-là était un vrai lit de marin, comme vous savez qu'ils sont. Mais je ne sais, moi, ce que je dis : vous avez tout au plus seize ans, vous ne pouvez avoir vu ça.

La chambre d'une reine ne peut pas être aussi proprement rangée que celle d'un marin, soit dit sans vouloir nous vanter. Chaque chose a sa petite place et son petit clou. Rien ne remue. Le bâtiment peut rouler tant qu'il veut sans rien déranger. Les meubles sont faits selon la forme du vaisseau et de la petite chambre qu'on a. Mon lit était un coffre. Quand on l'ouvrait, j'y couchais ; quand on le fermait c'était mon sofa, et j'y fumais ma pipe. Quelquefois c'était ma table; alors on s'asseyait sur deux petits tonneaux qui étaient dans la chambre. Mon parquet était ciré et frotté comme de l'acajou, et brillant comme un bijou, un vrai miroir Oh ! c'était une jolie petite chambre ! E mon brick avait bien son prix aussi. Or s'y amusait d'une fière façon, et le voyage commença cette fois assez agréablement, si ce n'était... Mais n'anticipons pas.

Nous avions un joli vent nord-nord-ouest, et j'étais occupé à mettre cette lettre sous le verre de ma pendule, quand mon *déporté* entra dans ma chambre ; il tenait par la main une belle petite de dix-sept ans environ. Lui me dit qu'il en avait dix-neuf; beau garçon, quoiqu'un peu pâle et trop blanc pour un homme. C'était un homme cependant, et un homme qui se comporta dans l'occasion mieux que bien des anciens n'auraient fait : vous allez le voir. Il tenait sa petite femme sous le bras ; elle était fraîche et gaie comme une enfant. Ils avaient l'air de deux tourtereaux. Ça me faisait plaisir à voir, moi. Je leur dis :

— Eh bien, mes enfants! vous venez faire visite au vieux capitaine; c'est gentil à vous. Je vous emmène un peu loin; mais tant mieux, nous aurons le temps de nous connaître. Je suis fâché de recevoir madame sans mon habit; mais c'est que je cloue là-haut cette grande coquine de lettre. Si vous vouliez m'aider un peu?

Ça faisait vraiment de bons petits enfants. Le petit mari prit le marteau et la petite femme les clous, et ils me les passaient à mesure que je les demandais; et elle me disait: *A droite! à gauche! capitaine!* tout en riant, parce que le tangage faisait ballotter la pendule. Je l'entends encore d'ici avec sa petite voix : *A gauche! à droite! capitaine!* Elle se moquait de moi. — Ah! je dis, petite méchante! je vous ferai gronder par votre mari, allez. — Alors elle lui sauta au cou et l'embrassa. Ils étaient vraiment gentils, et la connaissance se fit comme ça. Nous fûmes tout de suite bons amis.

Ce fut aussi une jolie traversée. J'eus toujours un temps fait exprès. Comme je n'avais jamais eu que des visages noirs à mon bord, je faisais venir à ma table, tous les jours, mes deux petits amoureux.

Cela m'égayait. Quand nous avions mangé le biscuit et le poisson, la petite femme et son mari restaient à se regarder comme s'ils ne s'étaient jamais vus. Alors je me mettais à rire de tout mon cœur et me moquais d'eux. Ils riaient aussi avec moi. Vous auriez ri de nous voir comme trois imbéciles, ne sachant pas ce que nous avions. C'est que c'était vraiment plaisant de les voir s'aimer comme ça! Ils se trouvaient bien partout; ils trouvaient bon tout ce qu'on leur donnait. Cependant ils étaient à la ration comme nous tous; j'y ajoutais seulement un peu d'eau-de-vie suédoise quand ils dînaient avec moi, mais un petit verre, pour tenir mon rang. Ils couchaient dans un hamac, où le vaisseau les roulait comme ces deux poires que j'ai là dans mon mouchoir mouillé. Ils étaient alertes et contents. Je faisais comme vous, je ne questionnais pas. Qu'avais-je besoin de savoir leur nom et leurs affaires, moi, passeur d'eau? Je les portais de l'autre côté de la mer, comme j'aurais porté deux oiseaux de paradis.

J'avais fini, après un mois, par les regarder comme mes enfants. Tout le jour, quand je les appelais, ils venaient s'asseoir auprès de moi. Le jeune homme écrivait sur ma table, c'est-à-dire sur mon lit; et, quand je voulais, il m'aidait à faire mon *point* : il le sut bientôt faire aussi bien que moi; j'en étais quelquefois tout interdit. La jeune femme s'asseyait sur un petit baril et se mettait à coudre.

Un jour qu'ils étaient posés comme cela, je leur dis :

— Savez-vous, mes petits amis, que nous faisons un tableau de famille comme nous voilà ? Je ne veux pas vous interroger, mais probablement vous n'avez pas plus d'argent qu'il ne vous en faut, et vous êtes joliment délicats tous deux pour bêcher et piocher comme font les déportés à Cayenne. C'est un vilain pays, de tout mon cœur, je vous le dis ; mais moi, qui suis une vieille peau de loup desséchée au soleil, j'y vivrais comme un seigneur. Si vous aviez, comme il me semble (sans vouloir vous interroger), tant soit peu d'amitié pour moi, je quitterais assez volontiers mon vieux brick, qui n'est qu'un sabot à présent, et je m'établirais là avec vous, si cela vous convient. Moi, je n'ai pas plus de famille qu'un chien, cela m'ennuie ; vous me feriez une petite société. Je vous aiderais à bien des choses ; et j'ai amassé une bonne pacotille de contrebande assez honnête, dont nous vivrions, et que je vous laisserais lorsque je viendrais à tourner l'œil, comme on dit poliment.

Ils restèrent tout ébahis à se regarder, ayant l'air de croire que je ne disais pas vrai ; et la petite courut, comme elle faisait toujours, se jeter au cou de l'autre et s'asseoir sur ses genoux, toute rouge et en pleurant. Il la serra bien fort dans ses bras, et je vis aussi des larmes dans ses yeux ; il me tendit la main et devint plus pâle qu'à l'ordinaire. Elle lui parlait bas, et ses grands cheveux blonds s'en allèrent sur son épaule; son chignon s'était défait comme un câble qui se déroule tout à coup, parce qu'elle était vive comme un poisson : ces cheveux-là, si vous les aviez vus ! c'était comme de l'or. Comme ils continuaient à se parler bas, le jeune homme lui baisant le front de temps en temps et elle pleurant, cela m'impatienta:

— Eh bien, ça vous va-t-il? leur dis-je à la fin.

— Mais... mais, capitaine, vous êtes bien bon, dit le mari ; mais c'est que...

vous ne pouvez pas vivre avec des *déportés*, et... Il baissa les yeux.

— Moi, dis-je, je ne sais ce que vous avez fait pour être déporté, mais vous me direz ça un jour, ou pas du tout, si vous voulez. Vous ne m'avez pas l'air d'avoir la conscience bien lourde, et je suis bien sûr que j'en ai fait bien d'autres que vous dans ma vie, allez, pauvres innocents. Par exemple, tant que vous serez sous ma garde, je ne vous lâcherai pas, il ne faut pas vous y attendre ; je vous couperais plutôt le cou comme à deux pigeons. Mais une fois l'épaulette de côté, je ne connais plus ni amiral ni rien du tout.

— C'est que, reprit-il en secouant tristement sa tête brune, quoique un peu poudrée, comme cela se faisait encore à l'époque, c'est que je crois qu'il serait dangereux pour vous, capitaine, d'avoir l'air de nous connaître. Nous rions, parce que nous sommes jeunes ; nous avons l'air heureux, parce que nous nous aimons ; mais j'ai de vilains moments quand je pense à l'avenir, et je ne sais pas ce que deviendra ma pauvre Laure.

Il serra de nouveau la tête de la jeune femme sur sa poitrine.

— C'était bien là ce que je devais dire au capitaine ; n'est-ce pas, mon enfant, que vous auriez dit la même chose ?

Je pris ma pipe et je me levai, parce que je commençais à me sentir les yeux un peu mouillés, et que ça ne me va pas, à moi.

— Allons ! allons ! dis-je, ça s'éclaircira par la suite. Si le tabac incommode madame, son absence est nécessaire.

Elle se leva, le visage tout en feu et tout humide de larmes, comme un enfant qu'on a grondé.

— D'ailleurs, me dit-elle en regardant

ma pendule, vous n'y pensez pas, vous autres; et la lettre!

Je sentis quelque chose qui me fit de l'effet. J'eus comme une douleur aux cheveux quand elle me dit cela.

— Pardieu! je n'y pensais plus, moi, dis-je. Ah! par exemple, voilà une belle affaire! Si nous avions passé le premier degré de latitude nord, il ne me resterait plus qu'à me jeter à l'eau. — Faut-il que j'aie du bonheur, pour que cette enfant-là m'ait rappelé cette grande coquine de lettre!

Je regardai vite ma carte de marine, et

je vis que nous en avions pour une semaine au moins, j'eus la tête soulagée, mais pas le cœur, sans savoir pourquoi.

— C'est que le Directoire ne badine pas pour l'article obéissance! dis-je. Allons, je suis au courant cette fois-ci encore. Le temps a filé si vite que j'avais tout à fait oublié cela.

Eh bien, monsieur, nous restâmes tous trois le nez en l'air à regarder cette lettre, comme si elle allait nous parler. Ce qui me frappa beaucoup, c'est que le soleil, qui glissait par la claire-voie, éclairait le verre de la pendule et faisait paraître le grand cachet rouge et les autres petits, comme les traits d'un visage au milieu du feu.

— Ne dirait-on pas que les yeux lui sortent de la *tête* ? leur dis-je pour les amuser.

— Oh ! mon ami, dit la jeune femme, cela ressemble à des taches de sang.

— Bah ! bah ! dit son mari en la prenant sous le bras, vous vous trompez, Laure ; cela ressemble au billet de *faire part* d'un mariage. Venez vous reposer, venez ; pourquoi cette lettre vous occupe-t-elle ?

Ils se sauvèrent comme si un revenant les avait suivis, et montèrent sur le pont. Je restai seul avec cette grande lettre, et je me souviens qu'en fumant ma pipe je la regardais toujours, comme si ses yeux rouges avaient attaché les miens, en les humant comme font les yeux de serpent. Sa grande figure pâle, son troisième cachet, plus grand que les yeux, tout ouvert, tout béant comme une gueule de loup... cela me mit de mauvaise humeur ; je pris mon habit et je l'accrochai à la pendule, pour ne plus voir ni l'heure ni la chienne de lettre.

J'allai achever ma pipe sur le pont. J'y restai jusqu'à la nuit.

Nous étions alors à la hauteur des îles du cap Vert. *Le Marat* filait, vent en poupe, ses dix nœuds sans se gêner. La nuit était la plus belle que j'aie jamais vue de ma vie près du tropique. La lune se levait à l'horizon, large comme un soleil ; la mer la coupait en deux et devenait toute blanche comme une nappe de neige couverte de petits diamants. Je regardais cela en fumant assis sur mon banc. L'officier de quart et les matelots ne disaient rien et regardaient comme moi l'ombre du brick sur l'eau. J'étais content de ne rien entendre. J'aime le silence et l'ordre, moi. J'avais défendu tous les bruits et tous les feux. J'entrevis cependant une petite ligne rouge presque sous mes pieds. Je me serais bien mis en colère tout de suite; mais comme c'était chez mes petits *déportés*, je voulus m'assurer de ce qu'on faisait avant de me fâcher. Je n'eus que la peine de me baisser, je pus voir par le grand panneau dans la petite chambre, et je regardai.

La jeune femme était à genoux et faisait ses prières. Il y avait une petite lampe qui l'éclairait. Elle était en chemise; je voyais d'en haut ses épaules nues, ses petits pieds nus et ses grands cheveux blonds tout épars. Je pensai à me retirer, mais je me dis : — Bah ! un vieux soldat, qu'est-ce que ça fait ? Et je restai à voir.

Son mari était assis sur une petite malle, la tête sur ses mains, et la regardait prier. Elle leva la tête en haut comme au ciel, et je vis ses grands yeux bleus mouillés comme ceux d'une Madeleine. Pendant qu'elle priait, il prenait le bout de ses longs cheveux et les baisait sans faire de bruit. Quand elle eut fini, elle fit un signe de croix en souriant avec l'air d'aller en paradis. Je vis qu'il faisait comme elle un signe de croix, mais comme s'il en avait honte. Au fait, pour un homme c'est singulier.

Elle se leva debout, l'embrassa, et s'étendit la première dans son hamac, où il la jeta sans rien dire, comme on couche un enfant dans une balançoire. Il faisait une chaleur étouffante : elle se sentait bercée avec plaisir par le mouvement du navire et paraissait déjà commencer à s'endormir. Ses petits pieds blancs étaient croisés et élevés au niveau de sa tête, et tout son corps enveloppé de sa longue chemise blanche. C'était un amour, quoi !

— Mon ami, dit-elle en dormant à moitié, n'avez-vous pas sommeil ? Il est bien tard, sais-tu ?

Il restait toujours le front sur ses mains sans répondre. Cela l'inquiéta un peu, la bonne petite, et elle passa sa jolie tête hors du hamac, comme un oiseau hors de son nid, et le regarda la bouche entr'ouverte, n'osant plus parler.

Enfin il lui dit :

— Eh ! ma chère Laure, à mesure que nous avançons vers l'Amérique, je ne puis m'empêcher de devenir plus triste. Je ne sais pourquoi, il me paraît que le temps le plus heureux de notre vie aura été celui de la traversée.

— Cela me semble aussi, dit-elle ; je voudrais n'arriver jamais.

Il la regarda en joignant les mains avec un transport que vous ne pouvez pas vous figurer.

— Et cependant, mon ange, vous pleurez toujours en priant Dieu, dit-il ; cela m'afflige beaucoup, parce que je sais bien ceux à qui vous pensez, et je crois que vous avez regret de ce que vous avez fait.

— Moi, du regret ! dit-elle avec un air bien peiné ; moi, du regret de t'avoir suivi ! Crois-tu que, pour t'avoir appartenu si peu, je t'aie moins aimé ? N'est-on pas une femme, ne sait-on pas ses devoirs à dix-sept ans ? Ma mère et mes sœurs n'ont-elles pas dit que c'était mon devoir de vous suivre à la Guyane ? N'ont-elles pas dit que je ne faisais là rien de surprenant? Je m'étonne seulement que vous en ayez été touché, mon ami; tout cela est naturel. Et à présent je ne sais comment vous pouvez croire que je regrette rien, quand je suis avec vous pour vous aider à vivre, ou pour mourir avec vous si vous mourez.

Elle disait tout ça d'une voix si douce qu'on aurait cru que c'était une musique. J'en étais tout ému et je dis :

— Bonne petite femme, va!

Le jeune homme se mit à soupirer en frappant du pied et en baisant une jolie main et un bras nu qu'elle lui tendait.

— Laurette, ma Laurette ! disait-il, quand je pense que si nous avions retardé de quatre jours notre mariage, on m'arrêtait seul, et je partais tout seul, je ne puis me pardonner.

Alors la belle petite pencha hors du hamac ses deux beaux bras blancs, nus jusqu'aux épaules, et lui caressa le front, les cheveux et les yeux, en lui prenant la tête comme pour l'emporter et le cacher dans sa poitrine. Elle sourit comme un enfant, et lui dit une quantité de petites choses de femme, comme moi je n'avais jamais rien entendu de pareil. Elle lui fermait la bouche avec ses doigts pour parler toute seule. Elle disait, en jouant et en prenant ses longs cheveux comme un mouchoir pour lui essuyer les yeux :

— Est-ce que ce n'est pas bien mieux d'avoir avec toi une femme qui t'aime, dis, mon ami ? Je suis bien contente, moi, d'aller à Cayenne ; je verrai des sauvages, des cocotiers comme ceux de Paul et Virginie, n'est-ce pas ? Nous planterons chacun le nôtre. Nous verrons qui sera le meilleur jardinier. Nous nous ferons une petite case pour nous deux. Je travaillerai toute la journée et toute la nuit, si tu veux. Je suis forte ; tiens, regarde mes bras ; — tiens, je pourrais presque te soulever. Ne te moque pas de moi ; je sais très-bien broder, d'ailleurs ; et n'y a-t-il pas une ville quelque part par là où il faille des brodeuses ? Je donnerai des leçons de dessin et de musique si l'on veut aussi ; et si l'on y sait lire, tu écriras, toi.

Je me souviens que le pauvre garçon fut si désespéré qu'il jeta un grand cri lorsqu'elle dit cela.

— Écrire ! — criait-il, — écrire !

Et il se prit la main droite avec la gauche en la serrant au poignet.

— Ah ! écrire ? pourquoi ai-je jamais su écrire ! Écrire ! mais c'est le métier d'un fou !... — J'ai cru à leur liberté de la presse ! — Où avais-je l'esprit ? Eh ! pourquoi faire ? pour imprimer cinq ou six pauvres idées assez médiocres, lues seulement par ceux qui les aiment, jetées au feu par ceux qui les haïssent, ne servant à rien qu'à nous faire persécuter ! Moi, encore passe ; mais toi, bel ange, devenue femme depuis quatre jours à peine ! qu'avais-tu fait ? Explique-moi, je te prie, comment je t'ai permis d'être bonne à ce point de me suivre ici? Sais-tu seulement où tu es, pauvre petite? Et où tu vas, le sais-tu? Bientôt, mon enfant, vous serez à seize cents lieues de votre mère et de vos sœurs... et pour moi! tout cela pour moi!

Elle cacha sa tête un moment dans le hamac; et moi, d'en haut, je vis qu'elle pleurait; mais lui, d'en bas, ne voyait pas son visage; et quand elle le sortit de la toile, c'était en souriant pour lui donner de la gaieté.

— Au fait, nous ne sommes pas riches

à présent, dit-elle en riant aux éclats; tiens, regarde ma bourse, je n'ai plus qu'un louis tout seul. Et toi?

Il se mit à rire aussi comme un enfant :

— Ma foi, moi, j'avais encore un écu, mais je l'ai donné au petit garçon qui a porté ta malle.

— Ah bah! qu'est-ce que ça fait? dit-elle en faisant claquer ses petits doigts blancs comme des castagnettes; on n'est jamais plus gai que lorsqu'on n'a rien; et n'ai-je pas en réserve les deux bagues de diamants que ma mère m'a données? cela est bon partout et pour tout, n'est-ce pas? Quand tu voudras nous les vendrons. D'ailleurs je crois que le bonhomme de capitaine ne dit pas toutes ses bonnes intentions pour nous, et qu'il sait bien ce qu'il y a dans la lettre. C'est sûrement une recommandation pour nous au gouverneur de Cayenne.

— Peut-être, dit-il ; qui sait?

— N'est-ce pas? reprit sa petite femme; tu es si bon que je suis sûre que le gouvernement t'a exilé pour un peu de temps, mais ne t'en veut pas.

Elle avait dit ça si bien ! m'appelant le

bonhomme de capitaine, que j'en fus tout remué et tout attendri ; et je me réjouis même, dans le cœur, de ce qu'elle avait peut-être deviné juste sur la lettre cachetée. Ils commençaient encore à s'embrasser ; je frappai du pied vivement sur le pont pour les faire finir.

Je leur criai :

— Eh ! dites donc, mes petits amis ! on a l'ordre d'éteindre tous les feux du bâtiment. Soufflez-moi votre lampe, s'il vous plaît.

Ils soufflèrent la lampe, et je les entendis rire en jasant tout bas dans l'ombre comme des écoliers. Je me remis à me promener seul sur mon tillac en fumant ma pipe. Toutes les étoiles du tropique étaient à leur poste, larges comme de petites lunes. Je les regardais en respirant un air qui sentait frais et bon.

Je me disais que certainement ces bons petits avaient deviné la vérité, et j'en étais tout ragaillardi. Il y avait bien à parier qu'un des cinq directeurs s'était ravisé et me les recommandait; je ne m'expliquais pas bien pourquoi, parce qu'il y a des affaires d'État que n'ai jamais comprises, moi; mais enfin je croyais cela, et, sans savoir pourquoi, j'étais content.

Je descendis dans ma chambre, et j'allai regarder la lettre sous mon vieil uniforme. Elle avait une autre figure ; il me semble qu'elle riait, et ses cachets paraissaient couleur de rose. Je ne doutai plus de sa bonté, et je lui fis un petit signe d'amitié.

Malgré cela, je remis mon habit dessus ; elle m'ennuyait.

Nous ne pensâmes plus du tout à la regarder pendant quelques jours, et nous étions gais ; mais quand nous approchâmes du premier degré de latitude, nous commençâmes à ne plus parler.

Un beau matin, je m'éveillai assez étonné de ne sentir aucun mouvement dans le bâtiment. A vrai dire, je ne dors jamais que d'un œil, comme on dit, et le roulis me manquant, j'ouvris les deux yeux. Nous étions tombés dans un calme plat, et c'était sous le 1° de latitude nord, au 27° de longitude. Je mis le nez sur le pont : la mer était lisse comme une jatte d'huile; toutes les voiles ouvertes tombaient collées aux mâts comme des ballons vides. Je dis tout de suite : — J'aurai le temps de te lire, va! en regardant de travers du côté de la lettre. — J'attendis jusqu'au soir, au coucher du soleil. Cependant il fallait bien en venir là : j'ouvris la pendule, et j'en tirai vivement l'ordre cacheté. — Eh bien, mon cher, je le tenais à la main depuis un quart d'heure que je ne pouvais pas encore le lire. Enfin je me dis : — C'est par trop fort! et je brisai les trois cachets d'un coup de pouce; et le grand cachet rouge, je le broyai en poussière.

Après avoir lu, je me frottai les yeux, croyant m'être trompé.

Je relus la lettre tout entière; je la relus encore ; je recommençai en la prenant par la dernière ligne et remontant à la première. Je n'y croyais pas. Mes jambes flageolaient un peu sous moi, je m'assis; j'avais un certain tremblement sur la peau du visage; je me frottai un peu les joues avec du rhum, je m'en mis dans le creux des mains, je me faisais pitié à moi-même d'être si bête que cela; mais ce fut l'affaire d'un moment; je montai prendre l'air.

Laurette était ce jour-là si jolie, que je ne voulus pas m'approcher d'elle : elle avait une petite robe blanche toute simple, les bras nus jusqu'au col, et ses grands cheveux tombants comme elle les portait toujours. Elle s'amusait à tremper dans la mer son autre robe au bout d'une corde, et riait en cherchant à arrêter les goëmons, plantes marines semblables à des grappes de raisin, et qui flottent sur les eaux des Tropiques.

— Viens donc voir les raisins! viens donc vite! criait-elle; et son ami s'appuyait sur elle, et se penchait, et ne regardait pas l'eau, parce qu'il la regardait d'un air tout attendri.

Je fis signe à ce jeune homme de venir

me parler sur le gaillard d'arrière. Elle se retourna. Je ne sais quelle figure j'avais, mais elle laissa tomber sa corde; elle le prit violemment par le bras, et lui dit :

— Oh! n'y va pas, il est tout pâle.

Cela se pouvait bien; il y avait de quoi pâlir. Il vint cependant près de moi sur le gaillard; elle nous regardait, appuyée contre le grand mât. Nous nous promenâmes longtemps de long en large sans rien dire. Je fumais un cigare que je trouvais amer, et je le crachai dans l'eau. Il me suivait de l'œil; je lui pris le bras;

j'étouffais, ma foi, ma parole d'honneur! j'étouffais.

— Ah çà! lui dis-je enfin, contez-moi donc, mon petit ami, contez-moi un peu votre histoire. Que diable avez-vous donc fait à ces chiens d'avocats qui sont là comme cinq morceaux de roi? Il paraît qu'ils vous en veulent fièrement! C'est drôle!

Il haussa les épaules en penchant la tête (avec un air si doux, le pauvre garçon!), et me dit:

— O mon Dieu! capitaine, pas grand'

chose, allez : trois couplets de vaudeville sur le Directoire, voilà tout.

— Pas possible ! dis-je.

— O mon Dieu, si ! Les couplets n'étaient même pas trop bons. J'ai été arrêté le 15 fructidor et conduit à la Force, jugé le 16, et condamné à mort d'abord, et puis à la déportation par bienveillance.

— C'est drôle ! dis-je. Les Directeurs sont des camarades bien susceptibles ; car cette lettre que vous savez me donne ordre de vous fusiller.

Il ne répondit pas, et sourit en faisant une assez bonne contenance pour un jeune homme de dix-neuf ans. Il regarda seulement sa femme, et s'essuya le front, d'où tombaient des gouttes de sueur. J'en avais autant au moins sur la figure, moi, et d'autres gouttes aux yeux.

Je repris :

— Il paraît que ces citoyens-là n'ont pas voulu faire votre affaire sur terre, ils ont pensé qu'ici ça ne paraîtrait pas tant. Mais pour moi, c'est fort triste ; car vous avez beau être un bon enfant, je ne peux pas m'en dispenser ; l'arrêt de mort est là en règle, et l'ordre d'exécution signé, paraphé, scellé ; il n'y manque rien.

Il me salua très-poliment en rougissant.

— Je ne demande rien, capitaine, dit-il avec une voix aussi douce que de coutume; je serais désolé de vous faire manquer à vos devoirs. Je voudrais seulement parler un peu à Laure, et vous prier de la protéger dans le cas où elle me survivrait, ce que je ne crois pas.

— Oh! pour cela, c'est juste, lui dis-je, mon garçon; si cela ne vous déplaît pas, je la conduirai à sa famille à mon retour en France, et je ne la quitterai que quand elle ne voudra plus me voir. Mais à mon sens, vous pouvez vous flatter qu'elle ne reviendra pas de ce coup-là ; pauvre petite femme !

Il me prit les deux mains, les serra et me dit :

— Mon brave capitaine, vous souffrez plus que moi de ce qui vous reste à faire, je le sens bien ; mais qu'y pouvez-vous ? Je compte sur vous pour lui conserver le peu qui m'appartient, pour la protéger, pour veiller à ce qu'elle reçoive ce que sa vieille mère pourrait lui laisser, n'est-ce pas ? pour garantir sa vie, son honneur, n'est-ce pas ? et aussi pour qu'on ménage toujours sa santé. — Tenez, ajouta-t-il plus bas, j'ai à vous dire qu'elle est très-délicate; elle a souvent la poitrine affectée jusqu'à s'évanouir plusieurs fois par jour; il faut qu'elle se couvre bien toujours. Enfin vous remplacerez son père, sa mère et moi autant que possible, n'est-il pas vrai? Si elle pouvait conserver les bagues que sa mère lui a données, cela me ferait bien plaisir. Mais si on a besoin de les vendre pour elle, il le faudra bien. Ma pauvre Laurette! voyez comme elle est belle!

Comme ça commençait à devenir par trop tendre, cela m'ennuya, et je me mis à froncer le sourcil ; je lui avais parlé d'un air gai pour ne pas m'affaiblir ; mais je n'y tenais plus : — Enfin, suffit, lui dis-je, entre braves gens on s'entend de reste. Allez lui parler, et dépêchons-nous.

Je lui serrai la main en ami, et comme il ne quittait pas la mienne et me regardait avec un air singulier : — Ah çà ! si j'ai un conseil à vous donner, ajoutai-je, c'est de ne pas lui parler de ça. Nous arrangerons la chose sans qu'elle s'y attende, ni vous non plus, soyez tranquille ; ça me regarde.

— Ah ! c'est différent, dit-il, je ne savais pas... cela vaut mieux, en effet. D'ailleurs, les adieux! les adieux! cela affaiblit.

— Oui, oui, lui dis-je, ne soyez pas enfant, ça vaut mieux. Ne l'embrassez pas, mon ami, ne l'embrassez pas, si vous pouvez, ou vous êtes perdu.

Je lui donnai encore une bonne poignée de main, et je le laissai aller. Oh! c'était dur pour moi, tout cela.

Il me parut qu'il gardait, ma foi, bien le secret : car ils se promenèrent, bras dessus, bras dessous, pendant un quart d'heure, et ils revinrent au bord de l'eau, reprendre la corde et la robe qu'un de mes mousses avait repêchées.

La nuit vint tout à coup. C'était le moment que j'avais résolu de prendre. Mais ce moment a duré pour moi jusqu'au jour où nous sommes, et je le traînerai toute ma vie comme un boulet.

Ici, le vieux commandant fut forcé de s'arrêter. Je me gardai de parler, de peur de détourner ses idées ; il reprit en se frappant la poitrine :

— Ce moment-là, je vous le dis, je ne peux pas encore le comprendre. Je sentis la colère me prendre aux cheveux, et en même temps je ne sais quoi me faisait obéir et me poussait en avant. J'appelai les officiers et je dis à l'un d'eux :

— Allons, un canot à la mer... puisque

à présent nous sommes des bourreaux! Vous y mettrez cette femme, et vous l'emmènerez au large jusqu'à ce que vous entendiez des coups de fusil; alors vous reviendrez. — Obéir à un morceau de papier! car ce n'était que cela enfin! Il fallait qu'il y eût quelque chose dans l'air qui me poussât. J'entrevis de loin ce jeune homme... oh! c'était affreux à voir!... s'agenouiller devant sa Laurette, et lui baiser les genoux et les pieds. N'est-ce pas que vous trouvez que j'étais bien malheureux?

Je criai comme un fou : Séparez-les!

nous sommes tous des scélérats ! — Séparez-les... La pauvre République est un corps mort ! Directeurs, Directoire, c'en est la vermine ! Je quitte la mer ! Je ne crains pas tous vos avocats ; qu'on leur dise ce que je dis, qu'est-ce que cela me fait? Ah ! je me souciais bien d'eux, en effet ! J'aurais voulu les tenir, je les aurais fait fusiller tous les cinq, les coquins ! Oh ! je l'aurais fait ; je me souciais de la vie comme de l'eau qui tombe-là, tenez... Je m'en souciais bien !... une vie comme la mienne... Ah bien, oui ! pauvre vie... va !...

Et la voix du commandant s'éteignit peu à peu et devint aussi incertaine que ses paroles; et il marcha en se mordant les lèvres et en fronçant le sourcil dans une distraction terrible et farouche. Il avait de petits mouvements convulsifs et donnait à son mulet des coups du fourreau de son épée, comme s'il eût voulu le tuer. Ce qui m'étonna, ce fut de voir la peau jaune de sa figure devenir d'un rouge foncé. Il défit et entr'ouvrit violemment son habit sur la poitrine, la découvrant au vent et à la pluie. Nous continuâmes ainsi à marcher dans un grand silence. Je vis bien qu'il ne parlerait plus de lui-même, et qu'il fallait me résoudre à questionner.

— Je comprends bien, lui dis-je, comme s'il eût fini son histoire, qu'après une aventure aussi cruelle on prenne son métier en horreur.

— Oh ! le métier ; êtes-vous fou? me dit-il brusquement, ce n'est pas le métier ! Jamais le capitaine d'un bâtiment ne sera obligé d'être un bourreau, sinon quand viendront des gouvernements d'assassins et de voleurs, qui profiteront de l'habitude qu'a un pauvre homme d'obéir aveuglément, d'obéir toujours, d'obéir comme une malheureuse mécanique, malgré son cœur.

En même temps il tira de sa poche un mouchoir rouge dans lequel il se mit à pleurer comme un enfant. Je m'arrêtai un moment comme pour arranger mon étrier, et, restant derrière la charrette, je marchai quelque temps à la suite, sentant qu'il serait humilié si je voyais trop clairement ses larmes abondantes.

J'avais deviné juste, car au bout d'un quart d'heure environ, il vint aussi derrière son pauvre équipage, et me demanda si je n'avais pas de rasoirs dans mon porte-manteau ; à quoi je lui répondis simplement que, n'ayant pas encore de barbe, cela m'était fort inutile. Mais il n'y tenait pas, c'était pour parler d'autre chose. Je m'aperçus cependant avec plaisir qu'il revenait à son histoire, car il me dit tout à coup :

— Vous n'avez jamais vu de vaisseau de votre vie, n'est-ce pas ?

— Je n'en ai vu, dis-je, qu'au Panorama de Paris, et je ne me fie pas beaucoup à la science maritime que j'en ai tirée.

— Vous ne savez pas, par conséquent, ce que c'est que le bossoir?

— Je ne m'en doute pas, dis-je.

— C'est une espèce de terrasse de poutres qui sort de l'avant du navire, et d'où l'on jette l'ancre en mer. Quand on fusille un homme, on le fait placer là ordinairement, ajouta-t-il plus bas.

— Ah! je comprends, parce qu'il tombe de là dans la mer.

Il ne répondit pas, et se mit à décrire toutes les sortes de canots que peut porter un brick, et leur position dans le bâtiment; et puis, sans ordre dans ses idées, il continua son récit avec cet air affecté d'insouciance que de longs services donnent infailliblement, parce qu'il faut montrer à ses inférieurs le mépris du danger, le mépris des hommes, le mépris de la vie, le mépris de la mort et le mépris de soi-même ; et tout cela cache, sous une dure enveloppe, presque toujours une sensibilité profonde. — La dureté de l'homme de guerre est comme un masque de fer sur un noble visage, comme un cachot de pierre qui renferme un prisonnier royal.

— Ces embarcations tiennent six hommes, reprit-il. Ils s'y jetèrent et emportèrent Laure avec eux, sans qu'elle eût le temps de crier et de parler. Oh ! voici une chose dont aucun honnête homme ne peut se consoler quand il en est cause. On a beau dire, on n'oublie pas une chose pareille !... Ah ! quel temps il fait ! — Quel diable m'a poussé à raconter ça ! Quand je raconte cela, je ne peux plus m'arrêter, c'est fini. C'est une histoire qui me grise comme le vin de Jurançon. — Ah ! quel temps il fait ! — Mon manteau est traversé.

Je vous parlais, je crois, encore de cette petite Laurette ! — La pauvre femme ! — Qu'il y a des gens maladroits dans le monde ! l'officier fut assez sot pour conduire le canot en avant du brick. Après cela, il est vrai de dire qu'on ne peut pas tout prévoir. Moi, je comptais sur la nuit pour cacher l'affaire, et je ne pensais pas à la lumière des douze fusils faisant feu à la fois. Et, ma foi ! du canot elle vit son mari tomber à la mer, fusillé.

S'il y a un Dieu là-haut, il sait comment arriva ce que je vais vous dire ; moi je ne le sais pas, mais on l'a vu et entendu comme je vous vois et vous entends. Au moment du feu, elle porta la main à sa tête comme si une balle l'avait frappée au front, et s'assit dans le canot sans s'évanouir, sans crier, sans parler, et revint au brick quand on voulut et comme on voulut. J'allai à elle, je lui parlai longtemps et le mieux que je pus. Elle avait l'air de m'écouter et me regardait en face en se frottant le front. Elle ne comprenait pas, et elle avait le front rouge et le visage tout pâle. Elle tremblait de tous ses membres comme ayant peur de tout le monde. Ça lui est resté. Elle est encore de même, la pauvre petite ! idiote, ou comme imbécile, ou folle, comme vous voudrez. Jamais on n'en a tiré une parole, si ce n'est quand elle dit qu'on lui ôte ce qu'elle a dans la tête.

De ce moment-là je devins aussi triste qu'elle, et je sentis quelque chose en moi qui me disait : *Reste devant elle jusqu'à la fin de tes jours, et garde-la* ; je l'ai fait. Quand je revins en France, je demandai à passer avec mon grade dans les troupes de terre, ayant pris la mer en haine, parce que j'y avais jeté du sang innocent. Je cherchai la famille de Laure. Sa mère était morte.

Ses sœurs, à qui je la conduisais folle, n'en voulurent pas, et m'offrirent de la mettre à Charenton. Je leur tournai le dos, et je la garde avec moi.

— Ah! mon Dieu! si vous voulez la voir, mon camarade, il ne tient qu'à vous. — Serait-elle là dedans? lui dis-je. — Certainement! tenez! attendez. Hô! hô? la mule...

III

COMMENT JE CONTINUAI MA ROUTE

III

COMMENT JE CONTINUAI MA ROUTE

Et il arrêta son pauvre mulet, qui me parut charmé que j'eusse fait cette question. En même temps il souleva la toile cirée de sa petite charrette, comme pour arranger la paille qui la remplissait presque, et je vis quelque chose de bien douloureux. Je vis deux yeux bleus, démesurés de grandeur, admirables de forme, sortant d'une tête pâle, amaigrie et longue, inondée de cheveux blonds tout plats. Je ne vis, en vérité, que ces deux yeux, qui étaient tout dans cette pauvre femme, car le reste était mort. Son front était rouge; ses joues creuses et blanches avaient des pommettes bleuâtres; elle était accroupie au milieu de la paille, si bien qu'on en voyait à peine sortir ses deux genoux, sur lesquels elle jouait aux dominos toute seule. Elle nous regarda un moment, trembla longtemps, me sourit un peu, et se remit à jouer. Il me parut qu'elle s'appliquait à comprendre comment sa main droite battrait sa main gauche.

— Voyez-vous, il y a un mois qu'elle joue cette partie-là, me dit le Chef de bataillon ; demain, ce sera peut-être un autre jeu qui durera longtemps. C'est drôle, hein?

En même temps il se mit à replacer la toile cirée de son shako, que la pluie avait un peu dérangée.

— Pauvre Laurette ! dis-je, tu es perdue pour toujours, va !

J'approchai mon cheval de la charrette,

et je lui tendis la main ; elle me donna la sienne machinalement et en souriant avec beaucoup de douceur. Je remarquai avec étonnement qu'elle avait à ses longs doigts deux bagues de diamants ; je pensai que c'étaient encore les bagues de sa mère, et je me demandai comment la misère les avait laissées là. Pour un monde entier je n'en aurais pas fait l'observation au vieux Commandant ; mais comme il me suivait des yeux et voyait les miens arrêtés sur les doigts de Laure, il me dit avec un certain air d'orgueil :

— Ce sont d'assez gros diamants, n'est-ce pas? Ils pourraient avoir leur prix dans l'occasion, mais je n'ai pas voulu qu'elle s'en séparât, la pauvre enfant. Quand on y touche, elle pleure, elle ne les quitte pas. Du reste, elle ne se plaint jamais, et elle peut coudre de temps en temps. J'ai tenu parole à son pauvre petit mari, et, en vérité, je ne m'en repens pas. Je ne l'ai jamais quittée, et j'ai dit partout que c'était ma fille qui était folle. On a respecté ça. A l'armée tout s'arrange mieux qu'on ne le croit à Paris, allez! — Elle a fait toutes les guerres de l'Empereur avec moi, et je l'ai toujours tirée d'affaire. Je la tenais toujours chaudement. Avec de la paille et une petite voiture, ce n'est jamais impossible. Elle avait une tenue assez soignée, et moi, étant chef de bataillon, avec une bonne paye, ma pension de la Légion d'honneur et le mois Napoléon, dont la solde était double, dans le temps, j'étais tout à fait au courant de mon affaire, et elle ne me gênait pas. Au contraire, ses enfantillages faisaient rire quelquefois les officiers du 7e léger.

Alors il s'approcha d'elle et lui frappa sur l'épaule, comme il eût fait à son petit mulet.

— Eh bien, ma fille! dis donc, parle donc un peu au lieutenant qui est là : voyons, un petit signe de tête.

Elle se remit à ses dominos.

— Oh! dit-il, c'est qu'elle est un peu farouche aujourd'hui, parce qu'il pleut. Cependant elle ne s'enrhume jamais. Les fous, ça n'est jamais malade, c'est commode de ce côté-là. A la Bérésina et dans toute la retraite de Moscou, elle allait nu-tête. — Allons, ma fille, joue toujours, va, ne t'inquiète pas de nous ; fais ta volonté, va, Laurette.

Elle lui prit la main qu'il appuyait sur

son épaule, une grosse main noire et ridée; elle la porta timidement à ses lèvres et la baisa comme une pauvre esclave. Je me sentis le cœur serré par ce baiser, et je tournai bride violemment.

— Voulons-nous continuer notre marche, Commandant? lui dis-je; la nuit viendra avant que nous soyons à Béthune.

Le Commandant râcla soigneusement avec le bout de son sabre la boue jaune qui chargeait ses bottes; ensuite il monta sur le marchepied de la charrette, ramena sur la tête de Laure le capuchon de drap d'un petit manteau qu'elle avait. Il ôta sa cravate de soie noire et la mit autour du cou de sa fille adoptive; après quoi il donna le coup de pied au mulet, fit son mouvement d'épaule et dit : — En route, mauvaise troupe ! — Et nous repartîmes.

La pluie tombait toujours tristement ; le ciel gris et la terre grise s'étendaient sans fin ; une sorte de lumière terne, un pâle soleil, tout mouillé, s'abaissait derrière de grands moulins qui ne tournaient pas. Nous retombâmes dans un grand silence.

Je regardais mon vieux Commandant ;

il marchait à grands pas, avec une vigueur toujours soutenue, tandis que son mulet n'en pouvait plus et que mon cheval même commençait à baisser la tête. Ce brave homme ôtait de temps à autre son shako pour essuyer son front chauve et quelques cheveux gris de sa tête, ou ses gros sourcils, ou ses moustaches blanches, d'où tombait la pluie. Il ne s'inquiétait pas de l'effet qu'avait pu faire sur moi son récit. Il ne s'était fait ni meilleur ni plus mauvais qu'il n'était. Il n'avait pas daigné se dessiner. Il ne pensait pas à lui-même, et au bout d'un quart d'heure il entama, sur le même ton, une histoire bien plus longue sur une campagne du maréchal Masséna où il avait formé son bataillon en carré contre je ne sais quelle cavalerie. Je ne l'écoutai pas, quoiqu'il s'échauffât pour me démontrer la supériorité du fantassin sur le cavalier.

La nuit vint, nous n'allions pas vite. La boue devenait plus épaisse et plus profonde. Rien sur la route et rien au bout. Nous nous arrêtâmes au pied d'un arbre mort, le seul arbre du chemin. Il donna d'abord ses soins à son mulet, comme moi à mon cheval. Ensuite il regarda dans la charrette, comme une mère dans le berceau de son enfant. Je l'entendais qui disait : — Allons, ma fille, mets cette redingote sur tes pieds, et tâche de dormir. — Allons, c'est bien ! elle n'a pas une goutte de pluie. — Ah ! diable ! elle a cassé ma montre, que je lui avais laissée au cou ! — Oh ! ma pauvre montre d'argent ! — Allons, c'est égal : mon enfant, tâche de dormir. Voilà le beau temps qui va venir bientôt. — C'est drôle ! elle a toujours la fièvre ; les folles sont comme ça. Tiens, voilà du chocolat pour toi, mon enfant.

Il appuya la charrette à l'arbre, et nous

nous assîmes sous les roues, à l'abri de l'éternelle ondée, partageant un petit pain à lui et un à moi; mauvais souper.

— Je suis fâché que nous n'ayons que ça, dit-il; mais ça vaut mieux que du cheval cuit sous la cendre avec de la poudre dessus, en manière de sel, comme on en mangeait en Russie. La pauvre petite femme, il faut bien que je lui donne ce que j'ai de mieux. Vous voyez que je la mets toujours à part; elle ne peut pas souffrir le voisinage d'un homme depuis l'affaire de la lettre. Je suis vieux, et elle a l'air de croire que je suis son père; malgré cela, elle m'étranglerait si je voulais l'embrasser seulement sur le front. L'éducation leur laisse toujours quelque chose, à ce qu'il paraît, car je ne l'ai jamais vue oublier de se cacher comme une religieuse. — C'est drôle, hein?

Comme il parlait d'elle de cette manière, nous l'entendîmes soupirer et dire : *Otez ce plomb! ôtez-moi ce plomb!* Je me levai, il me fit rasseoir.

— Restez, restez, me dit-il, ce n'est rien; elle dit ça toute sa vie, parce qu'elle croit toujours sentir une balle dans sa tête. Ça ne l'empêche pas de faire tout ce qu'on lui dit, et cela avec beaucoup de douceur.

Je me tus en l'écoutant avec tristesse. Je me mis à calculer que, de 1797 à 1815, où nous étions, dix-huit années s'étaient ainsi passées pour cet homme. — Je demeurai longtemps en silence à côté de lui, cherchant à me rendre compte de ce caractère et de cette destinée. Ensuite, à propos de rien, je lui donnai une poignée de main pleine d'enthousiasme. Il en fut étonné.

— Vous êtes un digne homme! lui dis-je. Il me répondit :

— Eh! pourquoi donc? Est-ce à cause

de cette pauvre femme?... Vous sentez bien, mon enfant, que c'était un devoir. Il y a longtemps que j'ai fait abnégation.

Et il me parla encore de Masséna.

Le lendemain, au jour, nous arrivâmes à Béthune, petite ville laide et fortifiée, où l'on dirait que les remparts, en resserrant leur cercle, ont pressé les maisons l'une sur l'autre. Tout y était en confusion, c'était le moment d'une alerte. Les habitants commençaient à retirer les drapeaux blancs des fenêtres et à coudre les trois couleurs dans leurs maisons. Les tambours battaient la générale; les trompettes sonnaient *à cheval*, par ordre de M. le duc de Berry. Les longues charrettes picardes portaient les Cent-Suisses et leurs bagages ; les canons des Gardes-du-Corps courant aux remparts, les voitures des princes, les escadrons des Compagnies-Rouges se formant, encombraient la ville. La vue des Gendarmes du roi et des Mousquetaires me fit oublier mon vieux compagnon de route. Je joignis ma compagnie, et je perdis dans la foule la petite charrette et ses pauvres habitants. A mon grand regret, c'était pour toujours que je les perdais.

Ce fut la première fois de ma vie que je

lus au fond d'un vrai cœur de soldat. Cette rencontre me révéla une nature d'homme qui m'était inconnue, et que le pays connaît mal et ne traite pas bien; je la plaçai dès lors très-haut dans mon estime. J'ai souvent cherché depuis autour de moi quelque homme semblable à celui-là et capable de cette abnégation de soi-même entière et insouciante. Or, durant quatorze années que j'ai vécu dans l'armée, ce n'est qu'en elle, et surtout dans les rangs dédaignés et pauvres de l'infanterie, que j'ai retrouvé ces hommes de caractère antique, poussant le sentiment du devoir jusqu'à ses dernières conséquences, n'ayant ni remords de l'obéissance ni honte de la pauvreté, simples de mœurs et de langage, fiers de la gloire du pays, et insouciants de la leur propre, s'enfermant avec plaisir dans leur obscurité, et partageant avec les malheureux le pain noir qu'ils payent de leur sang.

J'ignorai longtemps ce qu'était devenu ce pauvre chef de bataillon, d'autant plus qu'il ne m'avait pas dit son nom et que je ne le lui avais pas demandé. Un jour cependant, au café, en 1825, je crois, un vieux capitaine d'infanterie de ligne à qui je le décrivis, en attendant la parade, me dit :

— Eh ! pardieu, mon cher, je l'ai connu, le pauvre diable ! C'était un brave homme ; il a été *descendu* par un boulet à Waterloo. Il avait, en effet, laissé aux bagages une espèce de fille folle que nous menâmes à l'hôpital d'Amiens, en allant à l'armée de la Loire, et qui y mourut, furieuse, au bout de trois jours.

— Je le crois bien, dis-je ; elle n'avait plus son père nourricier !

— Ah bah ! *père !* qu'est-ce que vous

dites donc? ajouta-t-il d'un air qu'il voulait rendre fin et licencieux.

— Je dis qu'on bat le rappel, repris-je en sortant. Et moi aussi, j'ai fait abnégation.

FIN

TABLE

Saint Germain. — Imprimerie D. BARDIN et Cie.

www.ingramcontent.com/pod-product-compliance
Lightning Source LLC
LaVergne TN
LVHW010605110826
845149LV00003B/779
* 9 7 8 2 0 1 6 1 8 8 4 9 1 *